Impressum
Verlag: BABADADA GmbH, Nedderfeld 112 , 22529 Hamburg
Geschäftsführer / Verlagsleitung: Harald Hof
Druck: Books on Demand GmbH, In de Tarpen 42, 22848 Norderstedt

Imprint
Publisher: BABADADA GmbH, Nedderfeld 112 , 22529 Hamburg, Germany
Managing Director / Publishing direction: Harald Hof
Print: Books on Demand GmbH, In de Tarpen 42, 22848 Norderstedt

l'école
escola

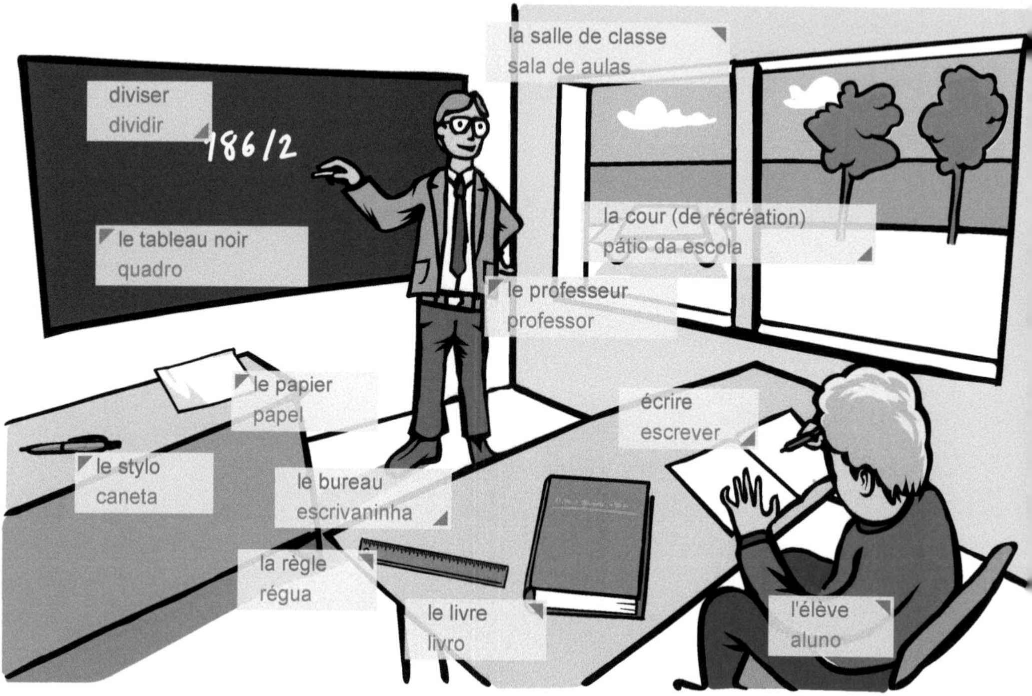
la salle de classe
sala de aulas
diviser
dividir
186/2
le tableau noir
quadro
la cour (de récréation)
pátio da escola
le professeur
professor
le papier
papel
écrire
escrever
le stylo
caneta
le bureau
escrivaninha
la règle
régua
le livre
livro
l'élève
aluno

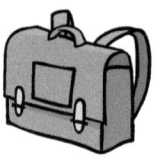

le cartable
sacola

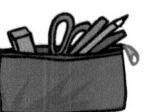

la trousse
estojo de lápis

le crayon
lápis

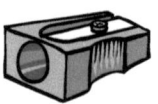

le taille-crayon
apontador de lápis

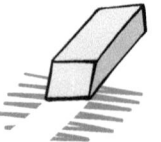

la gomme
borracha

le carnet à dessin
bloco de desenho

le dessin
....
desenho

le pinceau
....
pincel

la boîte de peinture
....
estojo de tintas

les ciseaux
....
tesoura

la colle
....
cola

le cahier d'exercices
....
livro de exercícios

les devoirs
....
lição de casa

le chiffre
....
número

2+2

additionner
....
somar

5-2

soustraire
....
subtrair

2×2

multiplier
....
multiplicar

calculer
....
calcular

A

la lettre
....
letra

ABCDEFG HIJKLMN OPQRSTU VWXYZ

l'alphabet
....
alfabeto

le mot
....
palavra

le texte

texto

lire

ler

la craie

giz

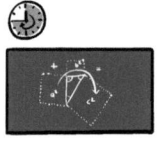

la leçon

hora

le livre de classe

registro da classe

l'examen

exame

le certificat

certificado

l'uniforme scolaire

uniforme escolar

la formation

educação

le lexique

enciclopédia

l'université

universidade

le microscope

microscópio

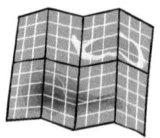

la carte

mapa

la corbeille à papier

cesto de lixo

le voyage
viagem

l'hôtel
hotel
Grand
l'auberge
albergue
ROOMS
le bureau de change
casa de câmbio
CHANGE
la valise
mala
la voiture
carro

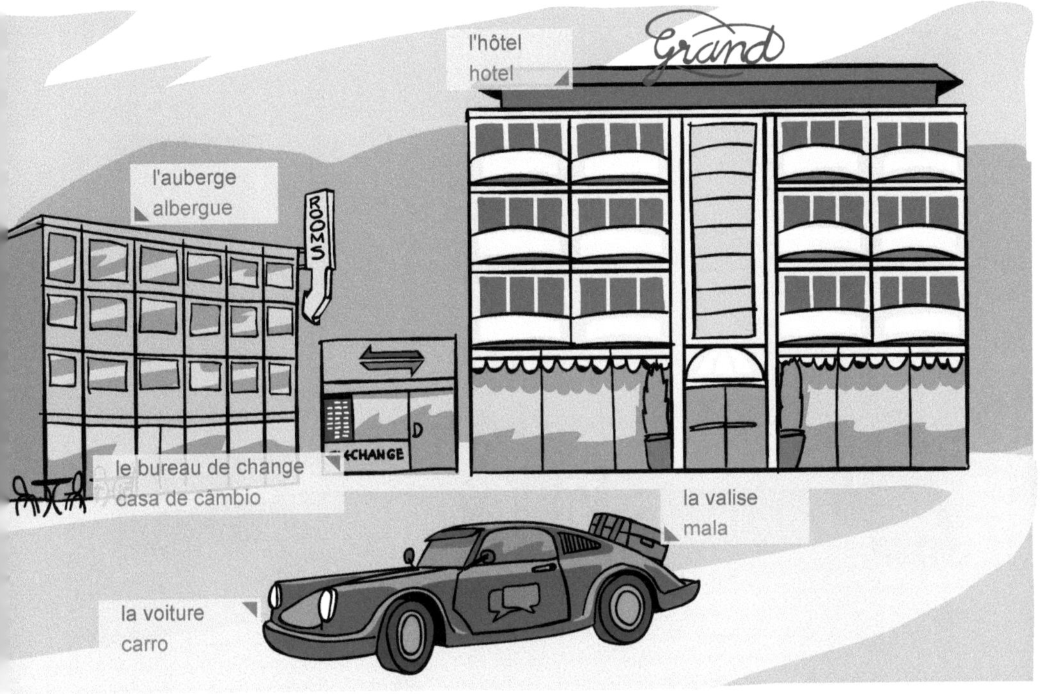

la langue

idioma

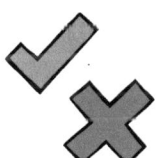

oui / non

sim / não

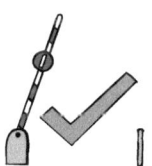

d'accord

ok

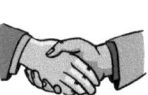

Salut

Olá

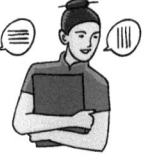

l'interprète

tradutor

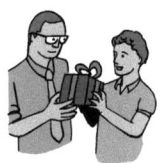

merci

obrigado

Combien coûte...?

quanto custa...?

Je ne comprends pas

eu não entendo

le problème

problema

Bonsoir !

boa noite!

Bonjour !

Bom dia!

Bonne nuit !

Boa noite!

Au revoir

até logo

la direction

direção

les bagages

bagagem

le sac

bolsa

le sac-à-dos

mochila

l'hôte

convidado

la pièce

quarto

le sac de couchage

saco de dormir

la tente

barraca

l'office de tourisme

informação turística

la plage

praia

la carte de crédit

cartão de crédito

le petit-déjeuner

café da manhã

le déjeuner

almoço

le dîner

jantar

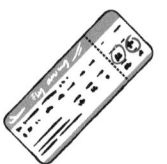

le billet

bilhete

l'ascenseur

elevador

le timbre

selo

la frontière

fronteira

la douane

alfândega

l'ambassade

embaixada

le visa

visto

le passeport

passaporte

le voyage - viagem

le transport

transporte

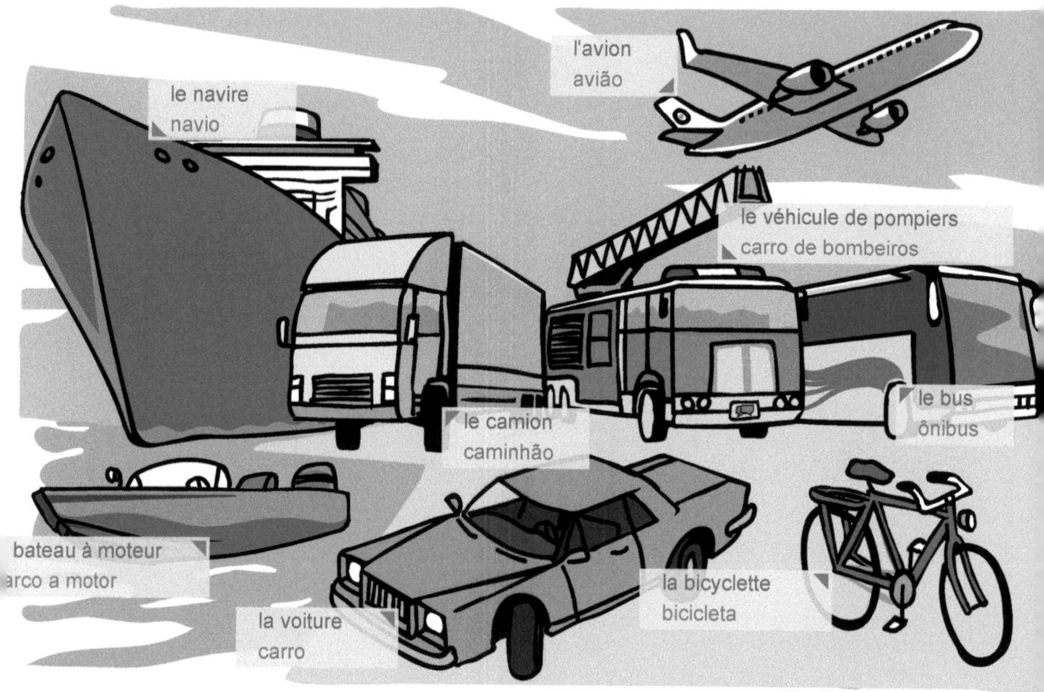
l'avion
avião
le navire
navio
le véhicule de pompiers
carro de bombeiros
le bus
ônibus
le camion
caminhão
bateau à moteur
arco a motor
la voiture
carro
la bicyclette
bicicleta

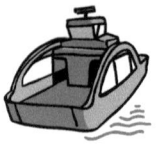

le ferry

balsa

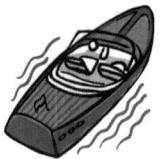

la barque

barco

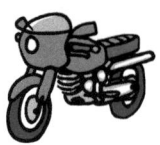

la moto

motocicleta

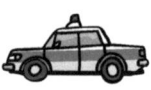

la voiture de police

veículo policial

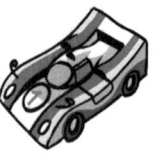

la voiture de course

carro de corrida

la voiture de location

carro de aluguel

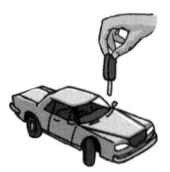

l'auto-partage

compartilhamento de automóvel

la voiture de remorquage

caminhão de reboque

la benne à ordures

caminhão de lixo

le moteur

motor

l'essence

combustível

la station d'essence

posto de gasolina

le panneau indicateur

placa de trânsito

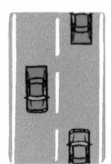

le trafic

trânsito

l'embouteillage

trânsito lento

le parking

estacionamento

la gare

estação de trem

les rails

trilhos

le train

trem

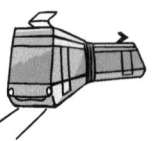

le tramway

bonde

le wagon

vagão

l'hélicoptère

helicóptero

l'aéroport

aeroporto

la tour

torre

le passager

passageiro

le conteneur

contêiner

le carton

cartolina

le chariot

carroça

la corbeille

cesto

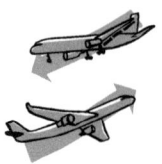

décoller / atterrir

decolar / pousar

la ville

cidade

le village

vilarejo

le centre-ville

centro da cidade

la maison

casa

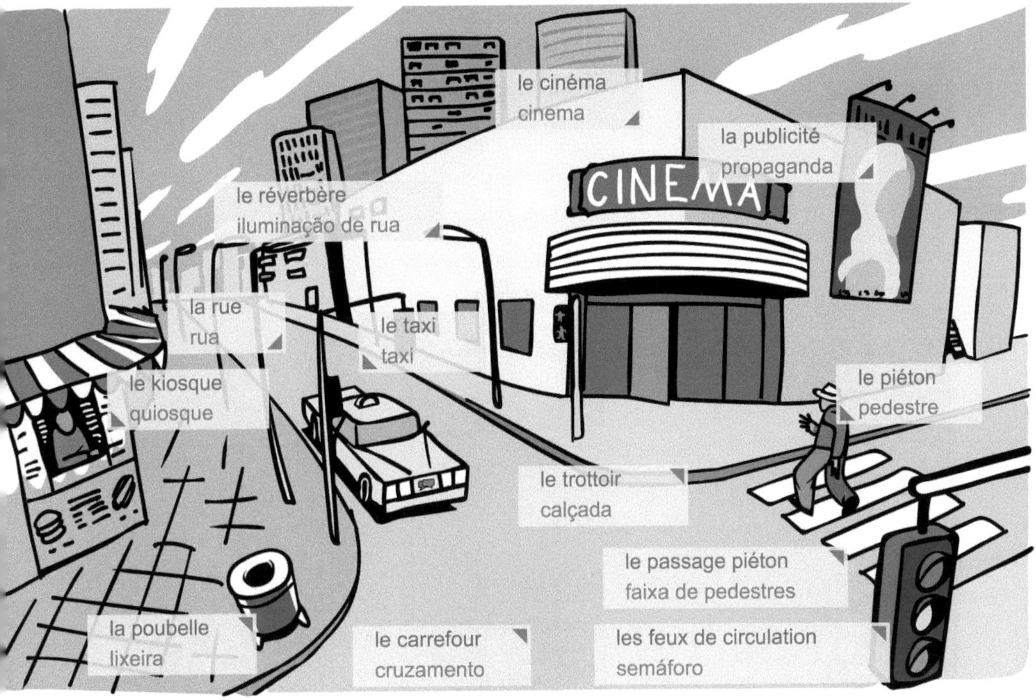

le cinéma
cinema

la publicité
propaganda

le réverbère
iluminação de rua

la rue
rua

le taxi
taxi

le kiosque
quiosque

le piéton
pedestre

le trottoir
calçada

le passage piéton
faixa de pedestres

la poubelle
lixeira

le carrefour
cruzamento

les feux de circulation
semáforo

la cabane

cabana

l'appartement

apartamento

la gare

estação de trem

la mairie

prefeitura

le musée

museu

l'école

escola

la ville - cidade

l'université

universidade

la banque

banco

l'hôpital

hospital

l'hôtel

hotel

la pharmacie

farmácia

le bureau

escritório

la librairie

livraria

le magasin

loja

le fleuriste

floricultura

le supermarché

supermercado

le marché

mercado

le grand magasin

loja de departamentos

la poissonnerie

peixaria

le centre commercial

centro comercial

le port

porto

le parc

parque

la banque

banco

le pont

ponte

les escaliers

escadas

le métro

metrô

le tunnel

túnel

l'arrêt de bus

ponto de ônibus

le bar

bar

le restaurant

restaurante

la boîte à lettres

caixa de correspondência

le panneau indicateur

placa de rua

le parcmètre

parquímetro

le zoo

zoológico

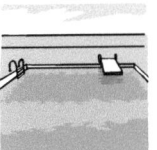

le réverbère

piscina

la mosquée

mesquita

la ferme
fazenda

la pollution
poluição

la cimetière
cemitério

l'église
igreja

l'aire de jeux
parquinho

le temple
templo

le paysage
paisagem

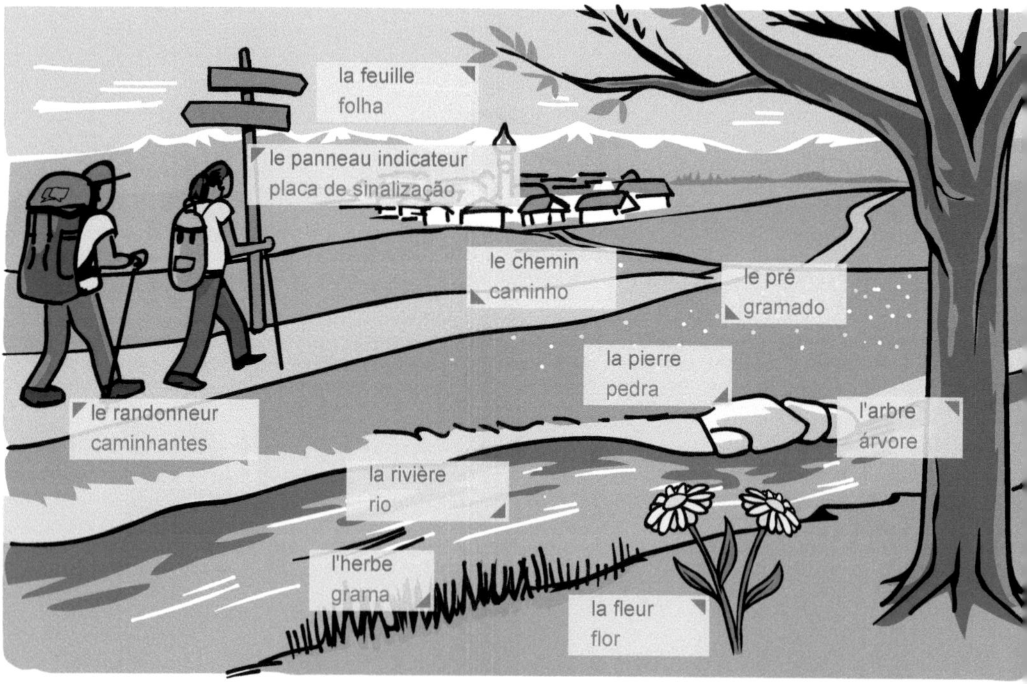

la feuille
folha

le panneau indicateur
placa de sinalização

le chemin
caminho

le pré
gramado

la pierre
pedra

l'arbre
árvore

le randonneur
caminhantes

la rivière
rio

l'herbe
grama

la fleur
flor

la vallée

vale

la montagne

montanha

le lac

lago

la forêt

floresta

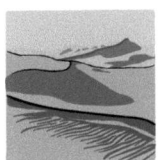

le désert

deserto

le volcan

vulcão

le château

castelo

l'arc-en-ciel

arco-íris

le champignon

cogumelo

le palmier

palmeira

le moustique

mosquito

la mouche

mosca

les fourmis

formiga

l'abeille

abelha

l'araignée

aranha

le coléoptère

besouro

la grenouille

sapo

l'écureuil

esquilo

le hérisson

ouriço

le lièvre

lebre

la chouette

coruja

l'oiseau

pássaro

le cygne

cisne

le sanglier

javali

le cerf

veado

l'élan

alce

le barrage

barragem

l'éolienne

aerogerador

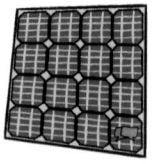

le panneau solaire

painel solar

le climat

clima

le restaurant
restaurante

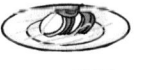

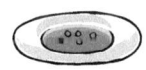

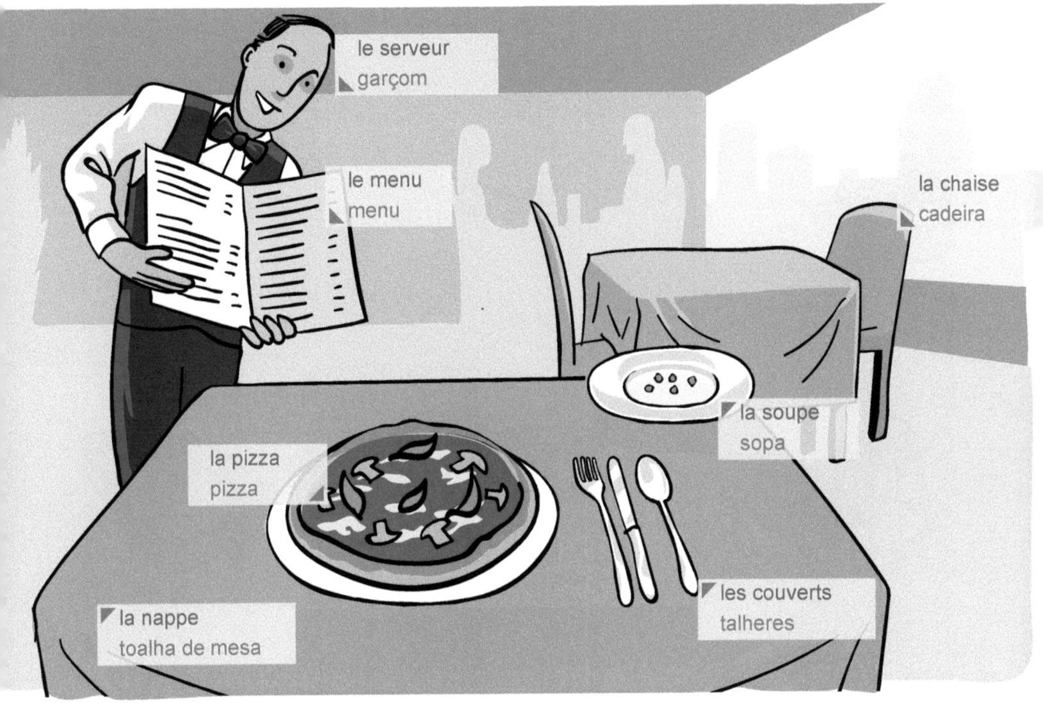

le serveur
garçom
le menu
menu
la chaise
cadeira
la soupe
sopa
la pizza
pizza
les couverts
talheres
la nappe
toalha de mesa

les hors d'œuvre

entrada

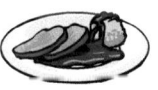

le plat principal

prato principal

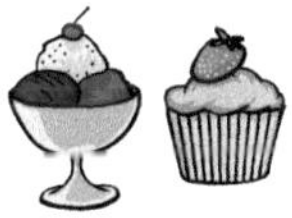

le dessert

sobremesa

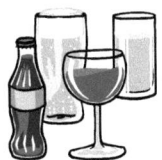

les boissons

bebidas

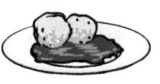

l'alimentation

comida

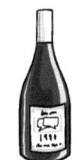

la bouteille

garrafa

le fast-food

fastfood

les plats à emporter

comida de rua

la théière

bule de chá

le sucrier

açucareiro

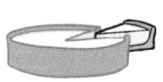

la portion

porção

la machine à expresso

máquina de expresso

la chaise haute

cadeirão

la facture

conta

le plateau

bandeja

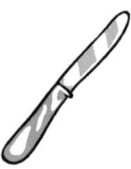

le couteau

faca

la fourchette

garfo

la cuillère

colher

la cuillère à thé

colher de chá

la serviette

guardanapo

le verre

copo

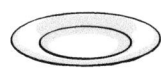

l'assiette

prato

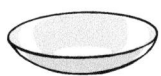

l'assiette à soupe

prato de sopa

la soucoupe

pires

la sauce

molho

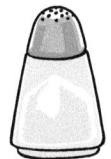

la salière

saleiro

le moulin à poivre

moedor de pimenta

le vinaigre

vinagre

l'huile

óleo

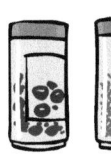

les épices

especiarias

le ketchup

ketchup

la moutarde

mostarda

la mayonnaise

maionese

le supermarché

supermercado

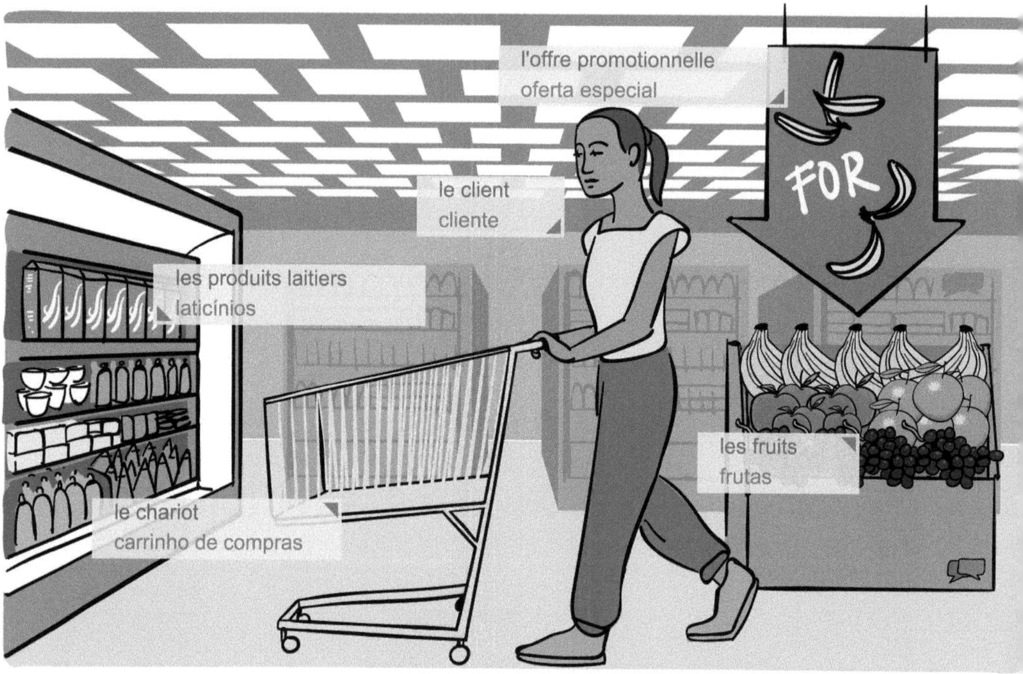

l'offre promotionnelle
oferta especial
FOR
le client
cliente
les produits laitiers
laticínios
les fruits
frutas
le chariot
carrinho de compras

BUTCHERS

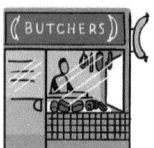

la boucherie

açougue

BAKERY

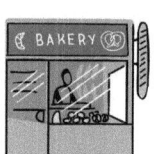

la boulangerie

padaria

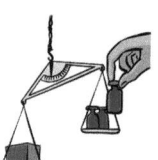

peser

pesar

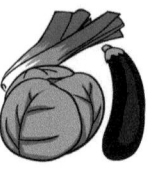

les légumes

legumes

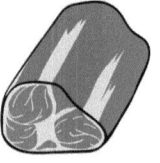

la viande

carne

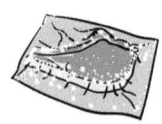

les aliments surgelés

congelados

la charcuterie

charcutaria

les conserves

conservas

la poudre à lessive

detergente em pó

les bonbons

doces

les articles ménagers

artigos domésticos

les détergents

produtos de limpeza

la vendeuse

vendedora

la caisse

caixa

le caissier

caixa

la liste d'achats

lista de compras

les heures d'ouverture

horário de funcionamento

le portefeuille

carteira

la carte de crédit

cartão de crédito

le sac

sacola

le sac en plastique

saco plástico

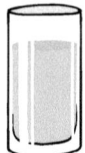

l'eau

água

le jus de fruit

suco

le lait

leite

le coca

coca-cola

le vin

vinho

la bière

cerveja

l'alcool

álcool

le chocolat chaud

cacau

le thé

chá

le café

café

l'expresso

expresso

le cappuccino

cappuccino

la banane

banana

la pomme

maçã

l'orange

laranja

le melon

melão

le citron.

limão

la carotte

cenoura

l'ail

alho

le bambou

bambu

l'oignon

cebola

le champignon

cogumelo

les noisettes

nozes

les pâtes

macarrão

les spaghetti

espaguete

le riz

arroz

la salade

salada

les pommes frites

batatas fritas

les pommes de terre rôties

batatas frias

la pizza

pizza

le hamburger

hambúrger

le sandwich

sanduíche

l'escalope

escalope

le jambon

presunto

le salami

salame

la saucisse

salsicha

le poulet

galinha

le rôti

assado

le poisson

peixe

les flocons d'avoine

flocos de aveia

le muesli

granola

les cornflakes

flocos de milho

la farine

farinha

le croissant

croissant

les petits-pains

pãozinho

le pain

pão

le pain grillé

torrada

les biscuits

biscoitos

le beurre

manteiga

le fromage blanc

requeijão

le gâteau

bolo

l'œuf

ovo

l'œuf au plat

ovo frito

le fromage

queijo

l'alimentation - comida

la glace

sorvete

le sucre

açúcar

le miel

mel

la confiture

geleia

la crème nougat

creme de avelãs

le curry

curry

la ferme
fazenda

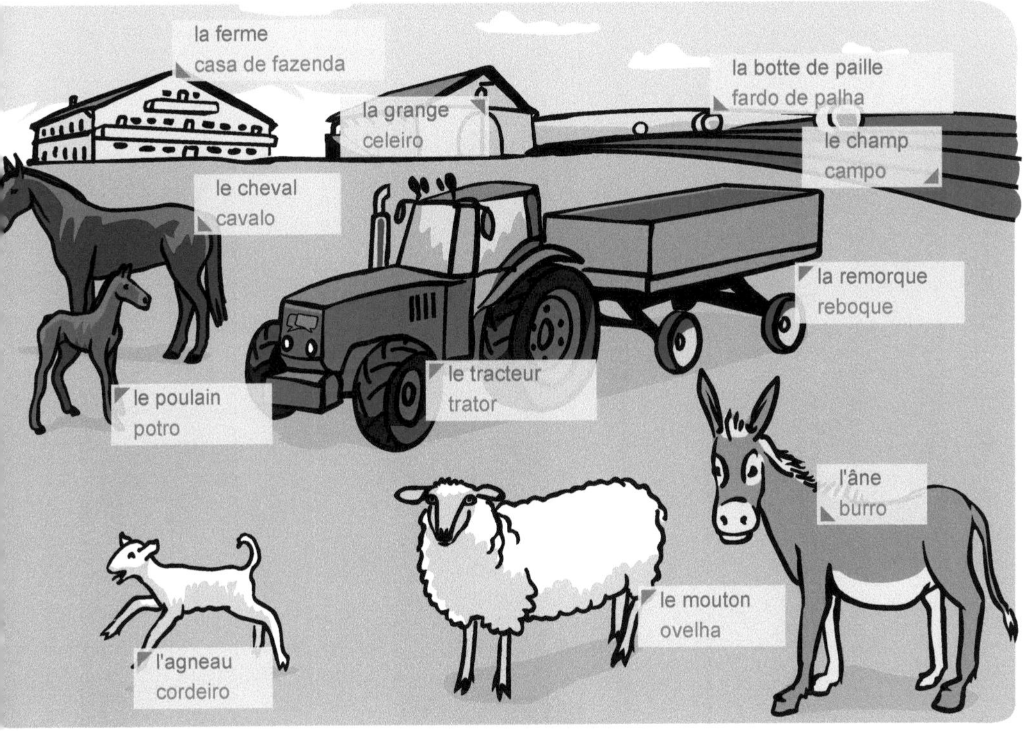

la ferme
casa de fazenda
la botte de paille
fardo de palha
la grange
celeiro
le champ
campo
le cheval
cavalo
la remorque
reboque
le tracteur
trator
le poulain
potro
l'âne
burro
le mouton
ovelha
l'agneau
cordeiro

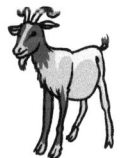

la chèvre

cabra

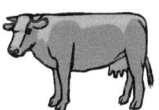

la vache

vaca

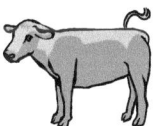

le veau

bezerro

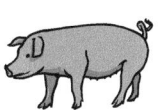

le porc

porco

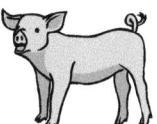

le porcelet

leitão

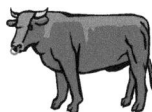

le taureau

touro

l'oie

ganso

le canard

pato

le poussin

pintinho

la poule

galinha

le coq

galo

le rat

ratazana

le chat

gato

la souris

camundongo

le bœuf

boi

le chien

cachorro

le chenil

casinha do cachorro

le tuyau de jardin

mangueira de jardim

l'arrosoir

regador

la faucheuse

foice

la charrue

arado

la faucille

foice

la pioche

enxada

la fourche

forquilha

la hache

machado

la brouette

carrinho de mão

la cuve

manjedoura

le pot à lait

jarra de leite

le sac

saco

la clôture

cerca

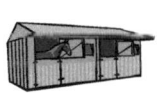

l'étable

estábulo

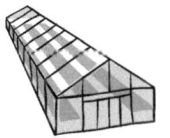

le serre

estufa

le sol

solo

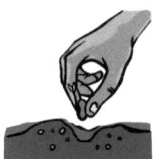

les semences

semente

l'engrais

fertilizante

la moissonneuse-batteuse

colheitadeira

la ferme - fazenda

récolter

colher

la récolte

colheita

l'igname

inhame

le blé

trigo

le soja

soja

la pomme de terre

batata

le maïs

milho

le colza

colza

l'arbre fruitier

árvore frutífera

le manioc

mandioca

les céréales

cereais

la maison
casa

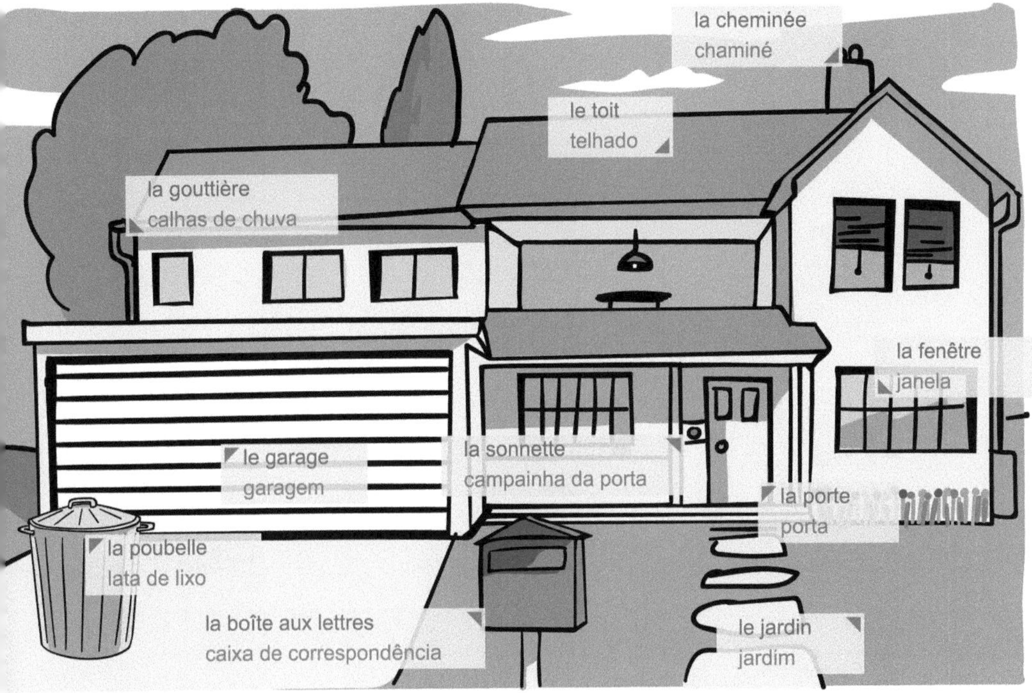

la cheminée
chaminé
le toit
telhado
la gouttière
calhas de chuva
la fenêtre
janela
le garage
garagem
la sonnette
campainha da porta
la porte
porta
la poubelle
lata de lixo
la boîte aux lettres
caixa de correspondência
le jardin
jardim

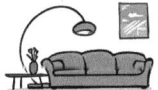

le salon
sala de estar

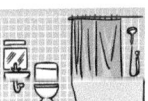

la salle de bain
banheiro

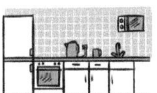

la cuisine
cozinha

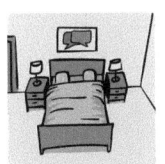

la chambre à coucher
quarto de dormir

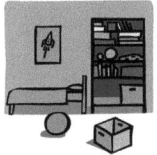

la chambre d'enfant
quarto de criança

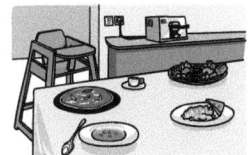

la salle à manger
sala de jantar

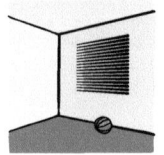

le sol
chão

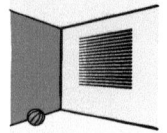

le mur
parede

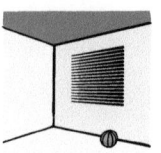

le plafond
teto

la cave
porão

le sauna
sauna

le balcon
varanda

la terrasse
terraço

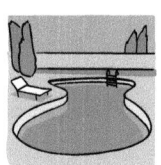

la piscine
piscina

la tondeuse à gazon
cortador de grama

la housse
lençol

la couette
coberta

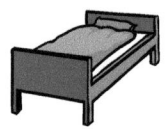

le lit
cama

le balai
vassoura

le sceau
balde

l'interrupteur
interruptor

le salon
sala de estar

le papier peint
papel de parede
l'image
quadro
la lampe
lâmpada
l'étagère
prateleira
l'armoire
armário
la télé
televisão
la cheminée
lareira
la fleur
flor
le coussin
travesseiro
le sofa
sofá
le vase
vaso
la télécommande
controle remoto

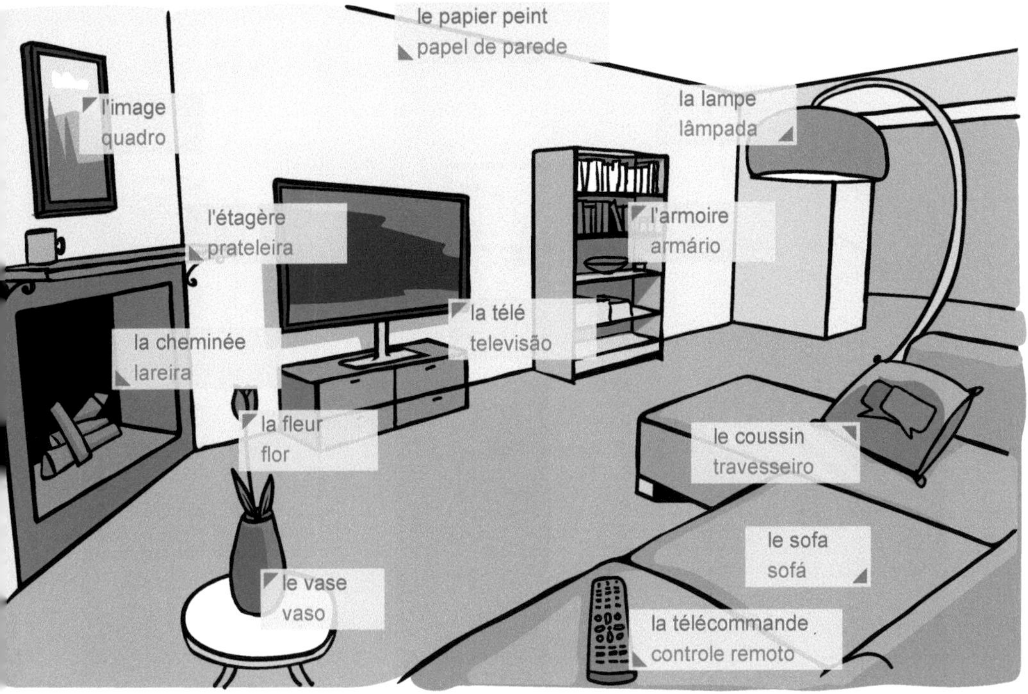

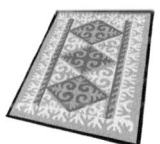

le tapis

tapete

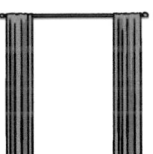

le rideau

cortina

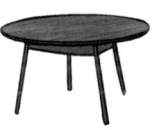

la table

mesa

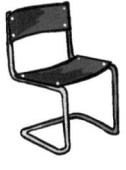

la chaise

cadeira

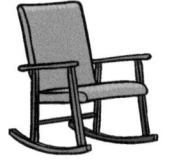

la chaise à bascule

cadeira de balanço

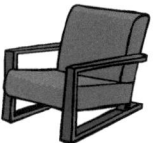

le fauteuil

poltrona

le livre

livro

la couverture

cobertor

la décoration

decoração

le bois de chauffage

lenha

le film

filme

la chaîne hi-fi

equipamento de som

la clé

chave

le journal

jornal

la peinture

pintura

le poster

pôster

la radio

rádio

le bloc-notes

bloco de notas

l'aspirateur

aspirador

le cactus

cacto

la bougie

vela

la cuisine
cozinha

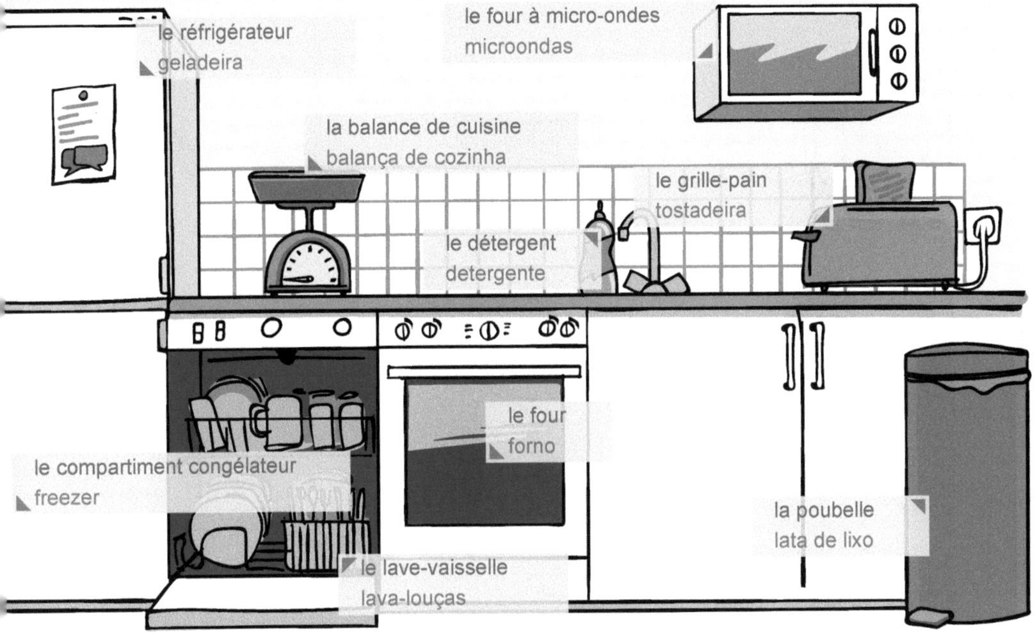
le réfrigérateur
geladeira
le four à micro-ondes
microondas
la balance de cuisine
balança de cozinha
le grille-pain
tostadeira
le détergent
detergente
le four
forno
le compartiment congélateur
freezer
la poubelle
lata de lixo
le lave-vaisselle
lava-louças

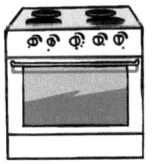

le four
fogão

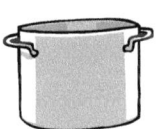

la casserole
panela

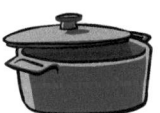

la marmite
panela de ferro

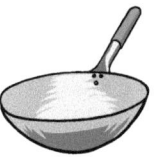

le wok / kadai
wok / kadai

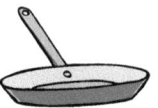

la poêle
frigideira

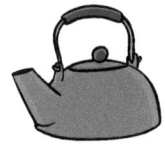

la bouilloire electrique
chaleira

le cuiseur vapeur

panela a vapor

la plaque de cuisson

tabuleiro de forno

la vaisselle

louça

le gobelet

caneca

la coupe

caçarola

les baguettes

hashi

la louche

concha de sopa

la spatule

espátula

le fouet

batedor

la passoire

escorredor

le tamis

peneira

la râpe

ralador

le mortier

almofariz

le barbecue

churrasqueira

la cheminée

lareira

la planche à découper

tábua de cortar

le rouleau à pâtisserie

rolo da massa

le tire-bouchon

saca-rolhas

la boîte

lata

l'ouvre-boîte

abridor de latas

les maniques

pegador de panela

le lavabo

pia

la brosse

escova

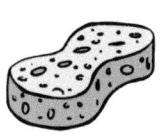

l'éponge

esponja

le mixeur

liquidificador

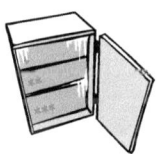

le congélateur

congelador

le biberon

mamadeira

le robinet

torneira

la salle de bain

banheiro

le chauffage
aquecimento
la douche
ducha
la serviette
toalha
le rideau de douche
cortina de chuveiro
le bain moussant
banho de espuma
la baignoire
banheira
le verre
copo
la machine à laver
lava-roupa
le robinet
torneira
le carrelage
azulejos
le pot
penico
le lavabo
pia

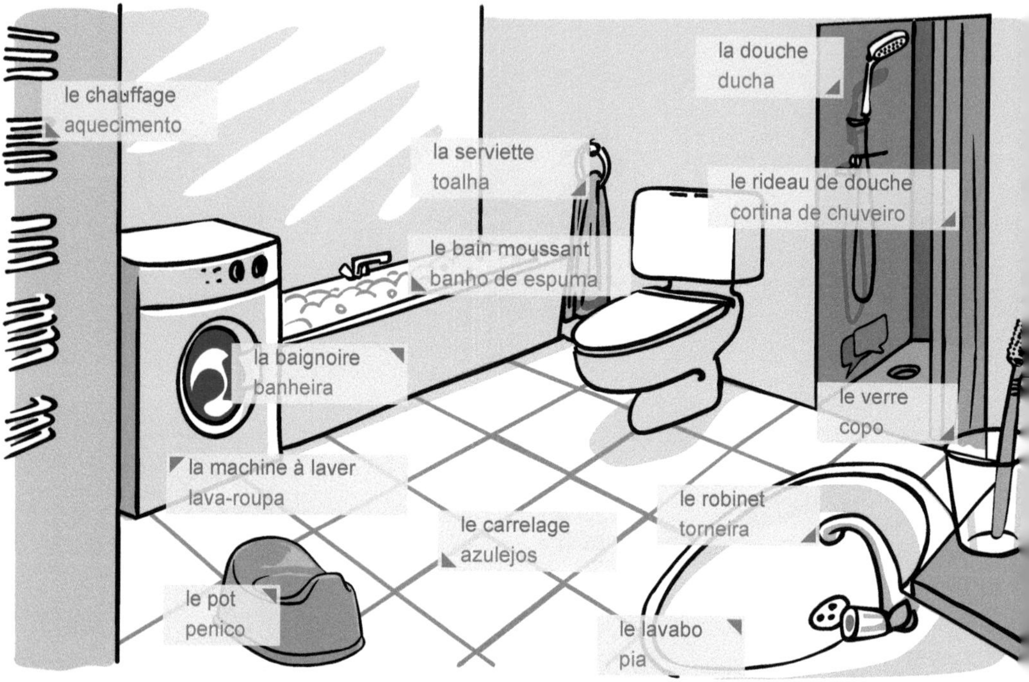

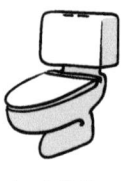

les toilettes

vaso sanitário

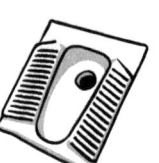

la toilette à la turque

lavabo de agachar

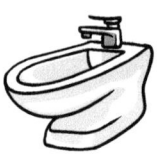

le bidet

bidê

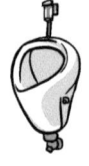

l'urinoir

mictório

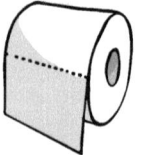

le papier toilette

papel higiênico

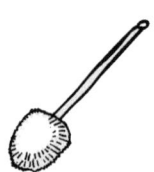

la brosse à toilette

escova de privada

la brosse à dents

escova de dentes

le dentifrice

pasta de dentes

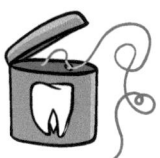

le fil dentaire

fio dental

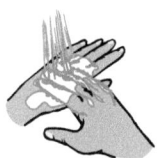

laver

lavar

la douche manuelle

ducha de mão

la douche intime

ducha íntima

la vasque

bacia

la brosse dorsale

escova para as costas

le savon

sabonete

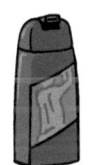

le gel douche

gel de banho

le shampooing

xampu

le gant de toilette

toalha de rosto

l'écoulement

escoamento

la crème

creme

le déodorant

desodorante

la salle de bain - banheiro

le miroir

espelho

le miroir cosmétique

espelho de mão

le rasoir

barbeador

la mousse à raser

espuma de barbear

l'après-rasage

loção pós-barba

la peigne

pente

la brosse

escova

le sèche-cheveux

secador de cabelo

la laque pour cheveux

spray de cabelo

le fond de teint

maquiagem

le rouge à lèvres

batom

le vernis à ongles

esmalte de unhas

l'ouate

algodão

le coupe-ongles

tesoura para unhas

le parfum

perfume

la trousse de toilette

nécessaire

le tabouret

banquinho

le pèse-personne

balança

le peignoir

roupão de banho

les gants de nettoyage

luvas de borracha

le tampon

absorvente interno

les serviettes hygiéniques

absorvente íntimo

la toilette chimique

banheiro químico

la chambre d'enfant

quarto de criança

le réveil
despertador
le doudou
boneco de pelúcia
la voiture jouet
carrinho de brinquedo
le hochet
chacoalho
la maison de poupée
casa de bonecas
le cadeau
presente

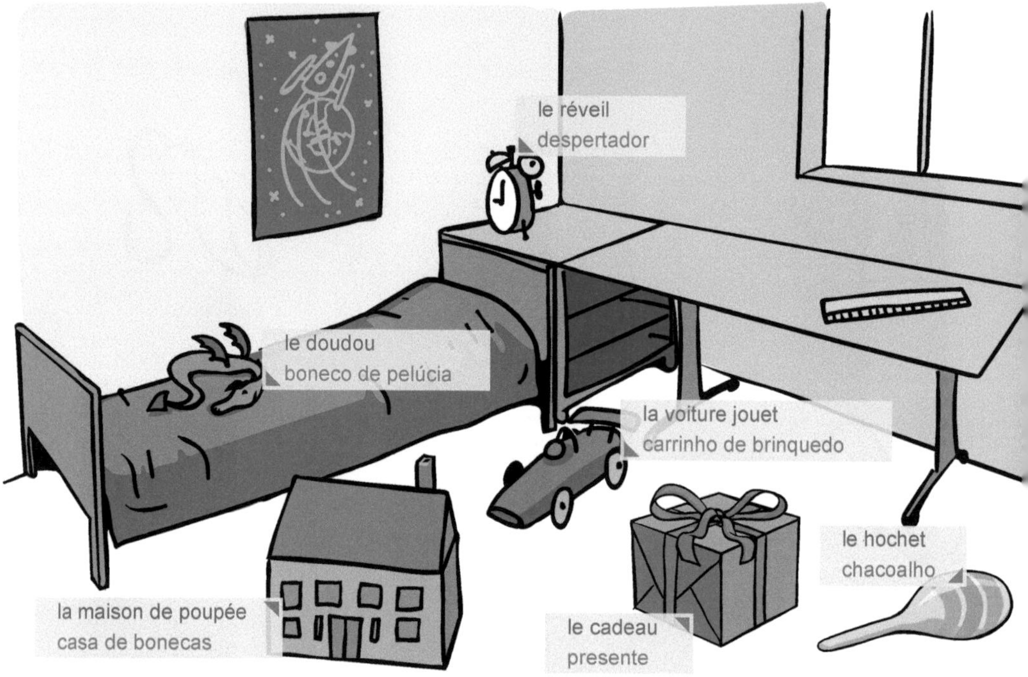

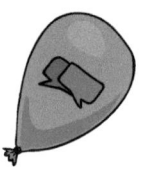

le ballon

balão

le lit

cama

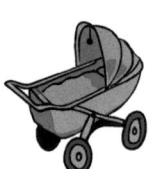

la poussette

carrinho de bebê

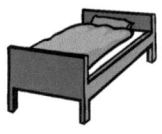

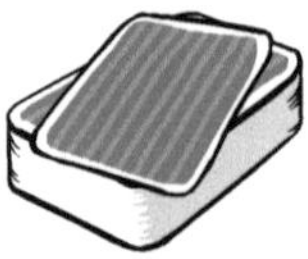

le jeu de cartes

jogo de cartas

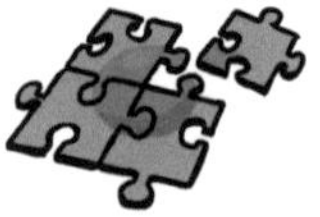

le puzzle

quebra-cabeças

SUPER MEGA

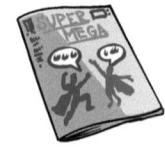

la bande dessinée

revista de quadrinhos

les pièces lego

peças de Lego

les blocs de construction

blocos de construção

la figurine

figura de ação

la grenouillère

macaquinho de bebê

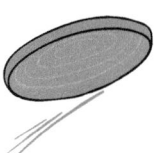

le frisbee

frisbee

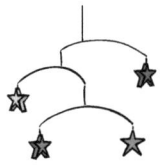

le mobile

móbile para bebé

le jeu de société

jogo de tabuleiro

le dé

dados

le train miniature

trenzinho elétrico

la sucette

chupeta

la fête

festa

le livre d'images

livro ilustrado

la balle

bola

la poupée

boneca

jouer

brincar

le bac à sable

caixa de areia

la balançoire

balanço

les jouets

brinquedos

la console de jeu

videogame

le tricycle

triciclo

l'ours en peluche

ursinho de pelúcia

l'armoire

guarda-roupa

les vêtements
vestuário

les chaussettes

meias

les bas

meias pelo joelho

le collant

meias-calças

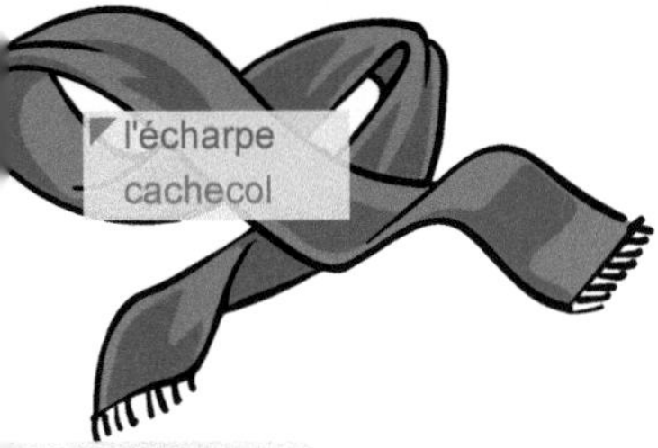

l'écharpe
cachecol

le parapluie
guarda-chuva

le t-shirt
camiseta

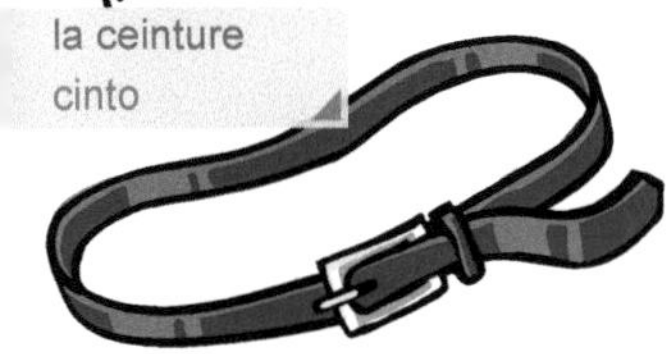

la ceinture
cinto

les bottes
botas

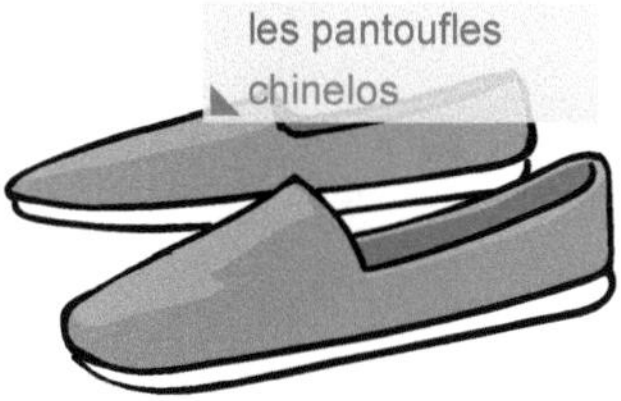

les pantoufles
chinelos

les baskets
tênis

les sandales
....
sandálias

les chaussures
....
sapatos

les bottes de caoutchouc
....
botas de borracha

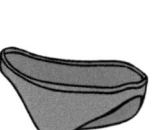

les sous-vêtements
....
roupa de baixo

le soutien-gorge
....
sutiã

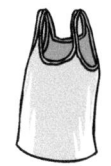

le maillot de corps
....
camiseta de baixo

les vêtements - vestuário

le body
body

le pantalon
calças

le jean
jeans

la jupe
saia

le chemisier
blusa

la chemise
camisa

le pull
pulôver

le sweat à capuche
suéter com capuz

la veste
blazer

la veste
jaqueta

le manteau
casaco

l'imperméable
gabardine

le costume
traje

la robe
vestido

la robe de mariée
vestido de casamento

le costume

terno

la chemise de nuit

camisola

le pyjama

pijama

le sari

sari

le foulard

lenço de cabeça

le turban

turbante

la burqa

burca

le caftan

cafetã

l'abaya

abaya

le maillot de bain

maiô

le maillot de bain

sunga

le short

shorts

la tenue d'entraînement

roupa de treino

le tablier

avental

les gants

luvas

le bouton

botão

les lunettes

óculos

le bracelet

pulseira

le collier

colar

la bague

anel

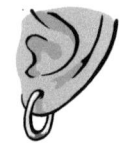

la boucle d'oreille

brinco

le bonnet

boné

le cintre

cabide

le chapeau

chapéu

la cravate

gravata

la fermeture éclair

zíper

le casque

capacete

les bretelles

suspensórios

l'uniforme scolaire

uniforme escolar

l'uniforme

uniforme

les vêtements - vestuário

le bavoir
babador

la sucette
chupeta

la lange
fralda

le bureau
escritório

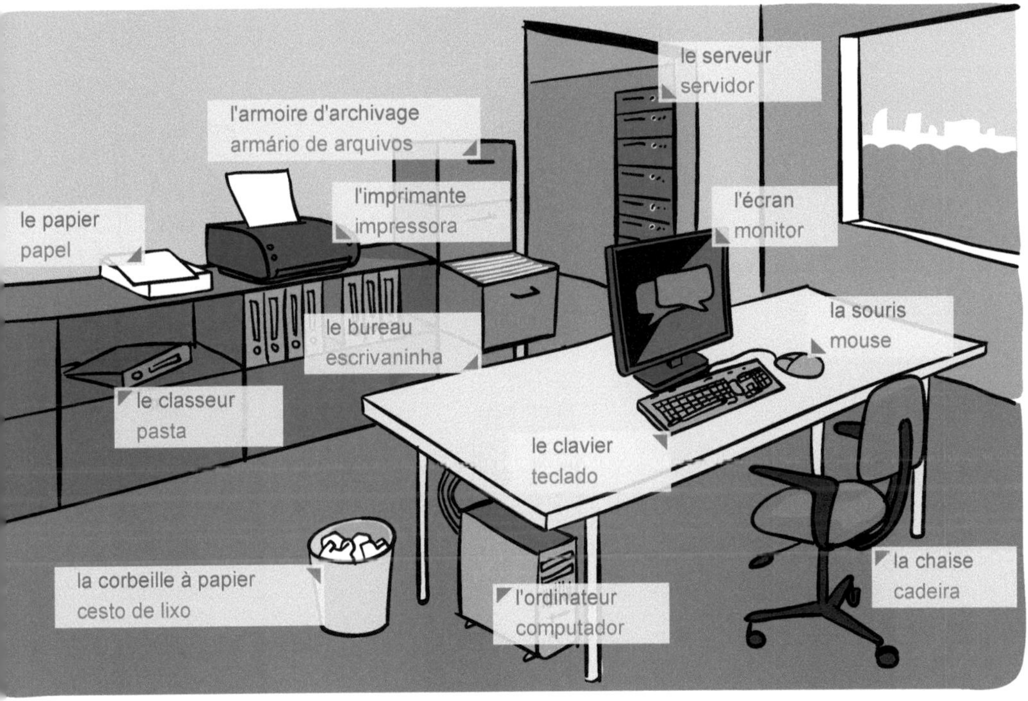

le serveur
servidor

l'armoire d'archivage
armário de arquivos

l'imprimante
impressora

l'écran
monitor

le papier
papel

la souris
mouse

le bureau
escrivaninha

le classeur
pasta

le clavier
teclado

la corbeille à papier
cesto de lixo

la chaise
cadeira

l'ordinateur
computador

la tasse de café
xícara de café

la calculatrice
calculadora

l'internet
internet

l'ordinateur portable

laptop

la lettre

carta

le message

mensagem

le portable

celular

le réseau

rede

la photocopieuse

copiadora

le logiciel

software

le téléphone

telefone

la prise

tomada

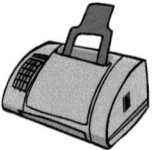

le fax

fax

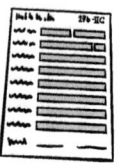

le formulaire

formulário

le document

documento

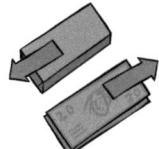

acheter

comprar

payer

pagar

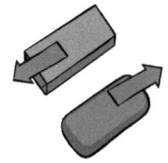

faire du commerce

negociar

la monnaie

dinheiro

le dollar

Dólar

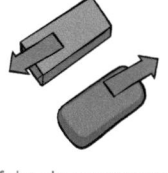

l'euro

Euro

le yen

Yen

le rouble

rublo

le franc suisse

franco suíço

le renminbi yuan

renminbi yuan

la roupie

rupia

le distributeur automatique

caixa eletrônico

le bureau de change

casa de câmbio

l'or

ouro

l'argent

prata

le pétrole

petróleo

l'énergie

energia

le prix

preço

le contrat

contrato

la taxe

imposto

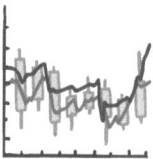

l'action

ação

travailler

trabalhar

l'employé

empregado

l'employeur

empregador

l'usine

fábrica

le magasin

loja

les professions
profissões

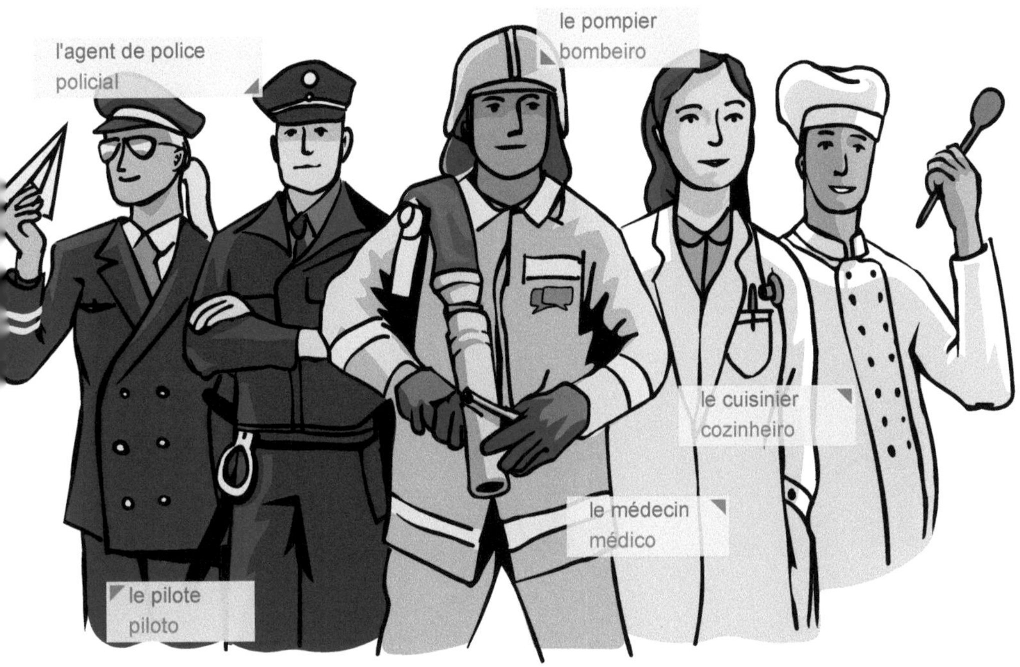
l'agent de police
policial
le pompier
bombeiro
le cuisinier
cozinheiro
le médecin
médico
le pilote
piloto

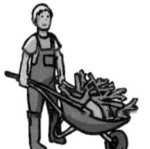

le jardinier

jardineiro

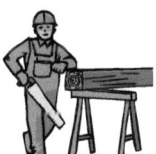

le menuisier

marceneiro

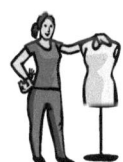

la couturière

costureira

le juge

juiz

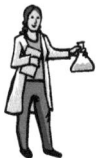

le chimiste

químico

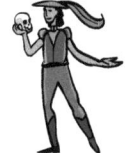

l'acteur

ator

le conducteur de bus

motorista de ônibus

le chauffeur de taxi

motorista de táxi

le pêcheur

pescador

la femme de ménage

faxineira

le couvreur

telhador

le serveur

garçom

le chasseur

caçador

le peintre

pintor

le boulanger

padeiro

l'électricien

eletricista

l'ouvrier

construtor

l'ingénieur

engenheiro

le boucher

açougueiro

le plombier

encanador

le facteur

carteiro

le soldat

soldado

l'architecte

arquiteto

le caissier

caixa

le fleuriste

florista

le coiffeur

cabelereiro

le contrôleur

condutor

le mécanicien

mecânico

le capitaine

capitão

le dentiste

dentista

le scientifique

cientista

le rabbin

rabino

l'imam

imam

le moine

monge

le prêtre

pastor

les outils
ferramentas

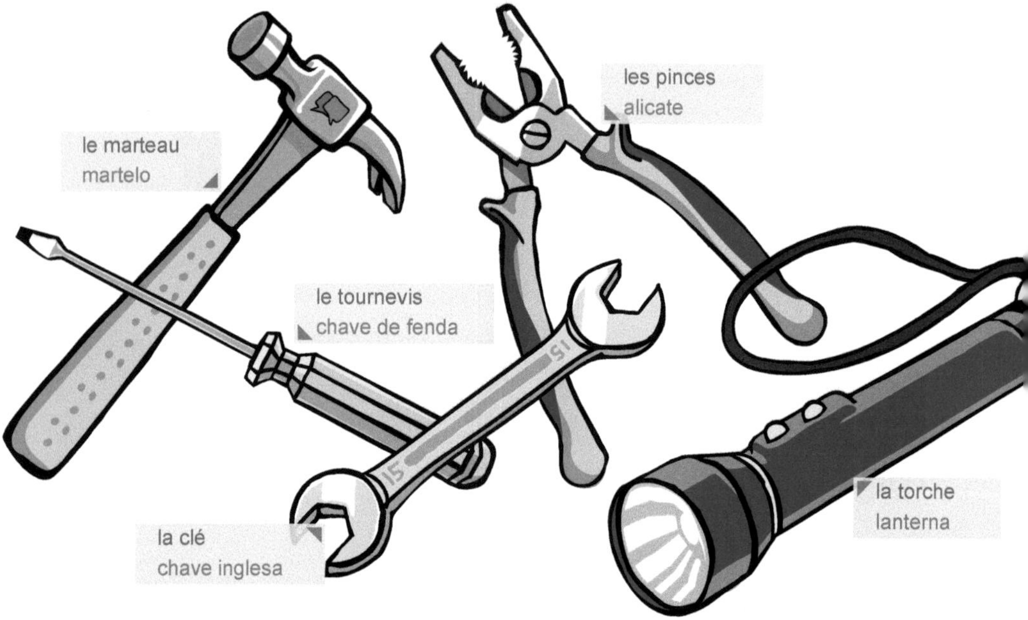
les pinces
alicate
le marteau
martelo
le tournevis
chave de fenda
la clé
chave inglesa
la torche
lanterna

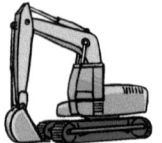

la pelleteuse

escavadora

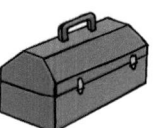

la boîte à outils

caixa de ferramentas

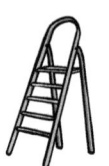

l'échelle

escada de mão

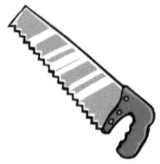

la scie

serra

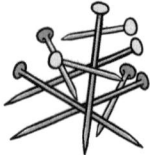

les clous

pregos

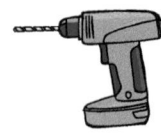

la perceuse

furadeira

réparer

consertar

la pelle

pá

Mince !

Droga!

la pelle

pá de lixo

le pot de peinture

pote de tinta

les vis

parafusos

les instruments de musique
instrumentos musicais

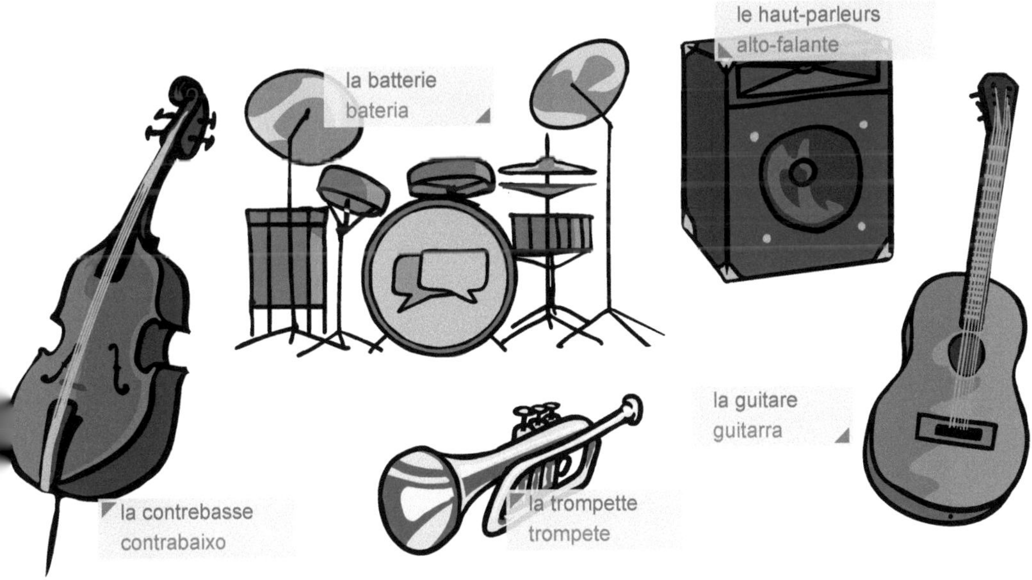

la batterie
bateria

le haut-parleurs
alto-falante

la guitare
guitarra

la contrebasse
contrabaixo

la trompette
trompete

le piano

piano

le violon

violino

la basse

baixo

les timbales

timbales

le tambour

tambor

le piano électrique

teclado

le saxophone

saxofone

la flûte

flauta

le microphone

microfone

le tigre
tigre

l'entrée
entrada

la cage
gaiola

le zèbre
zebra

l'alimentation animale
ração animal

le panda
panda

les animaux

animais

l'éléphant

elefante

le kangourou

canguru

le rhinocéros

rinoceronte

le gorille

gorila

l'ours

urso

le chameau

camelo

l'autruche

avestruz

le lion

leão

le singe

macaco

le flamand rose

flamingo

le perroquet

papagaio

l'ours polaire

urso polar

le pingouin

pinguim

le requin

tubarão

le paon

pavão

le serpent

cobra

le crocodile

crocodilo

le gardien de zoo

guarda do zoológico

le phoque

foca

le jaguar

jaguar

le poney

pônei

le léopard

leopardo

l'hippopotame

hipopótamo

la girafe

girafa

l'aigle

águia

le sanglier

javali

le poisson

peixe

la tortue

tartaruga

le morse

morsa

le renard

raposa

la gazelle

gazela

le zoo - zoológico

l'american Football
futebol americano

le cyclisme
ciclismo

le tennis
tênis

le basket-ball
basquete

la natation
natação

la boxe
boxe

le hockey sur glace
hóquei no gelo

le football
futebol

le badminton
badminton

l'athlétisme
atletismo

le handball
handebol

le ski
esqui

le polo
polo

rire
rir

sauter
pular

embrasser
abraçar

marcher
andar

chanter
cantar

rêver
sonhar

prier
rezar

faire la bise
beijar

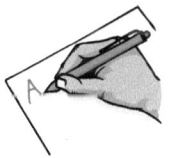

écrire
escrever

dessiner
desenhar

montrer
mostrar

pousser
empurrar

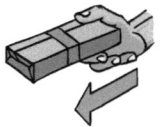

donner
dar

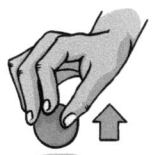

prendre
tomar

avoir

ter

faire

fazer

être

ser

être debout

ficar de pé

courir

correr

trier

puxar

jeter

jogar

tomber

cair

être couché

deitar

attendre

esperar

porter

carregar

être assis

sentar

s'habiller

vestir

dormir

dormir

se réveiller

despertar

regarder

olhar para

pleurer

chorar

caresser

acariciar

peigner

pentear

parler

falar

comprendre

entender

demander

perguntar

écouter

ouvir

boire

beber

manger

comer

ranger

arrumar

aimer

amar

cuire

cozinhar

conduire

dirigir

voler

voar

les activités - atividades

faire de la voile

velejar

calculer

calcular

lire

ler

apprendre

aprender

travailler

trabalhar

se marier

casar

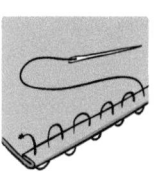

coudre

costurar

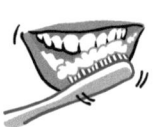

brosser les dents

escovar os dentes

tuer

matar

fumer

fumar

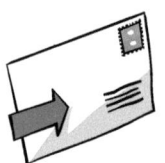

envoyer

enviar

la famille
família

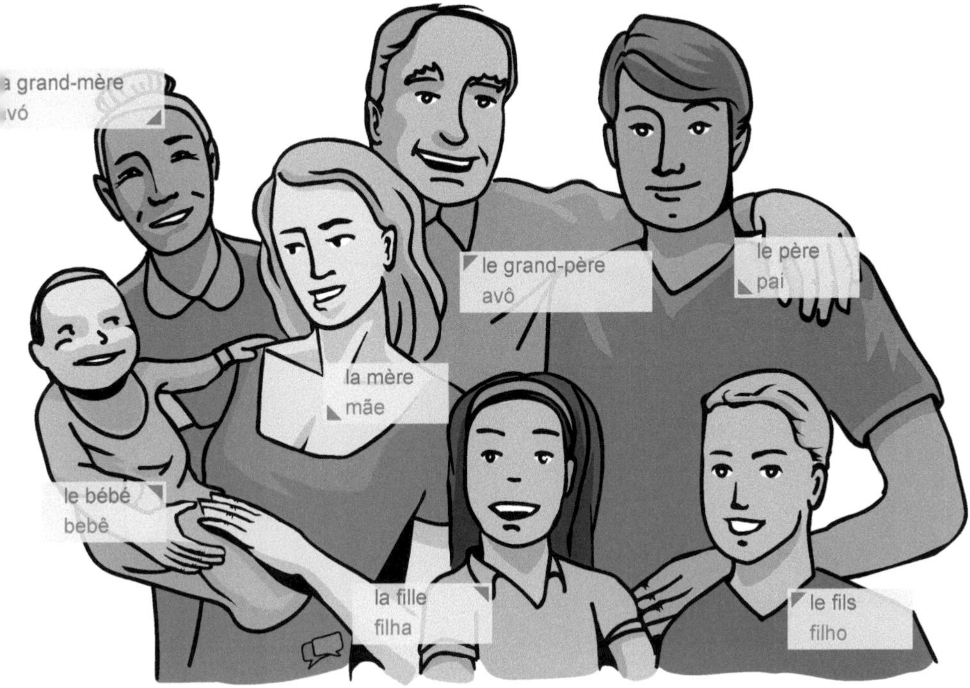

a grand-mère
vó
le grand-père
avô
le père
pai
la mère
mãe
le bébé
bebê
la fille
filha
le fils
filho

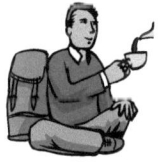

l'hôte

convidado

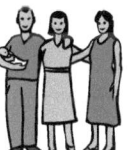

la tante

tia

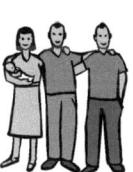

l'oncle

tio

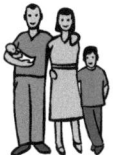

le frère

irmão

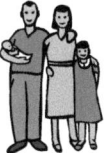

la sœur

irmã

le corps

corpo

le front
testa
l'œil
olho
l'épaule
ombro
le doigt
dedo
le visage
rosto
le menton
queixo
la main
mão
la jambe
perna
la poitrine
peito
le bras
braço

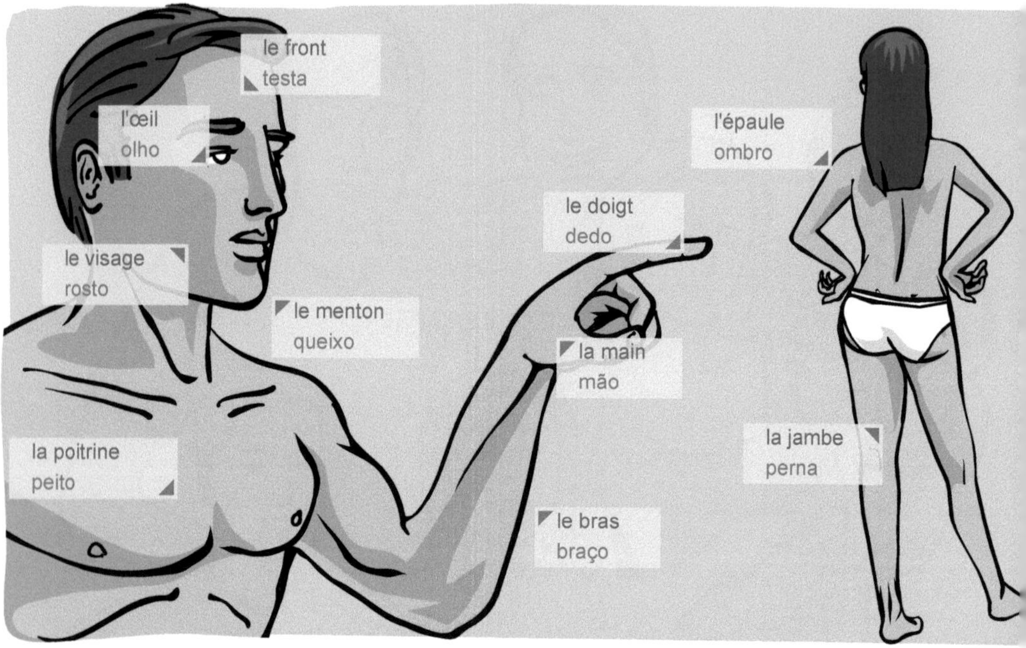

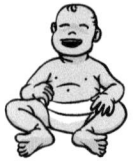

le bébé

bebê

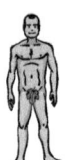

l'homme

homem

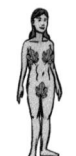

la femme

mulher

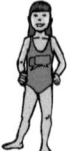

la fille

menina

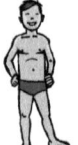

le garçon

menino

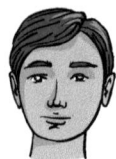

la tête

cabeça

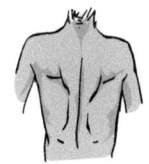

le dos
costas

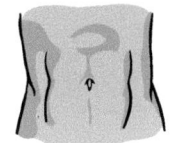

le ventre
barriga

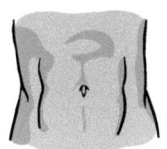

le nombril
umbigo

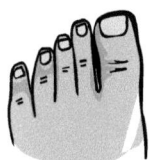

l'orteil
dedo do pé

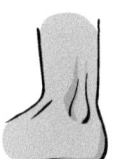

le talon
calcanhar

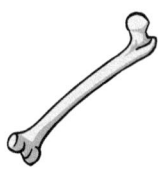

l'os
osso

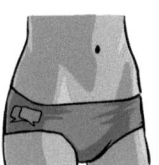

la hanche
anca

le genou
joelho

le coude
cotovelo

le nez
nariz

les fesses
nádegas

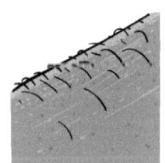

la peau
pele

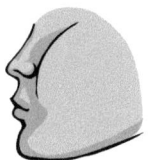

la joue
bochecha

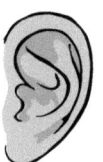

l'oreille
orelha

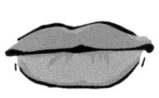

la lèvre
lábio

le corps - corpo

la bouche

boca

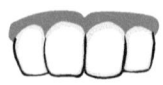

la dent

dente

la langue

língua

le cerveau

cérebro

le cœur

coração

le muscle

músculo

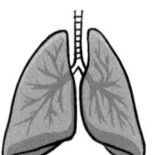

les poumons

pulmão

le foie

fígado

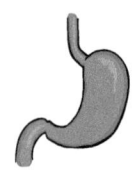

l'estomac

estômago

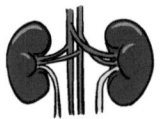

les reins

rins

le rapport sexuel

relações sexuais

le préservatif

preservativo

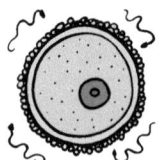

l'ovule

óvulo

le sperme

esperma

la grossesse

gravidez

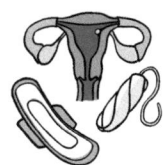

la menstruation

menstruação

le vagin

vagina

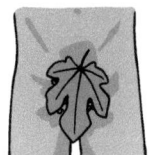

le pénis

pênis

le sourcil

sobrancelha

les cheveux

cabelo

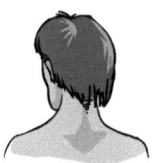

le cou

pescoço

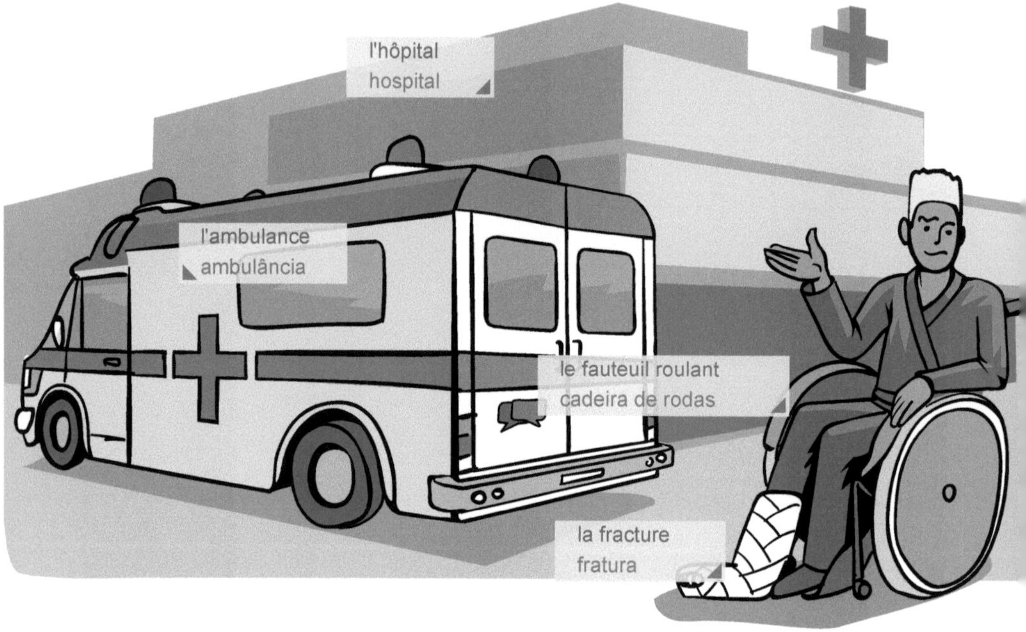

l'hôpital
hospital

l'ambulance
ambulância

le fauteuil roulant
cadeira de rodas

la fracture
fratura

le médecin

médico

le service des urgences

pronto-socorro

l'infirmière

enfermeira

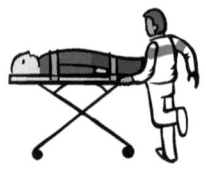

l'urgence

emergência

inconscient

inconsciente

la douleur

dor

la blessure

ferimento

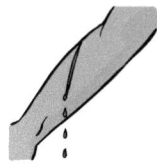

l'hémorragie

hemorragia

la crise cardiaque

ataque cardíaco

l'attaque cérébrale

acidente vacular cerebral

l'allergie

alergia

la toux

tosse

la fièvre

febre

la grippe

gripe

la diarrhée

diarreia

le mal de tête

dor de cabeça

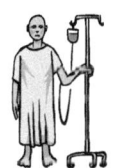

le cancer

câncer

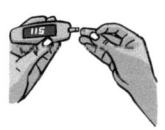

le diabète

diabetes

le chirurgien

cirurgião

le scalpel

bisturi

l'opération

operação

le CT

CT

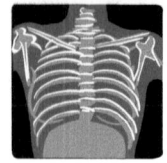

la radiographie

raio x

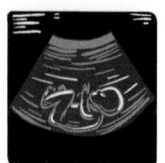

l'échographie

ultrassom

le masque

máscara

la maladie

doença

la salle d'attente

sala de espera

la béquille

muleta

le pansement

bandeide

le pansement

ligadura

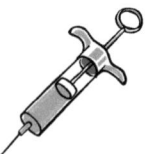

l'injection

injeção

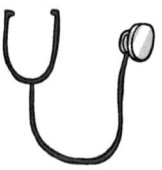

le stéthoscope

estetoscópio

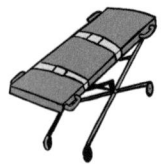

le brancard

maca

le thermomètre

termômetro

l'accouchement

nascimento

la surcharge pondérale

excesso de peso

l'appareil auditif

aparelho auditivo

le désinfectant

desinfetante

l'infection

infecção

le virus

vírus

le VIH / le sida

HIV / AIDS

le médicament

medicamento

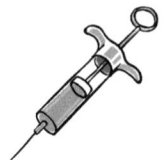

la vaccination

vacinação

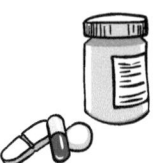

les comprimés

comprimidos

la pilule

pílula

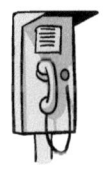

l'appel d'urgence

chamada de emergência

le tensiomètre

dispositivo de medição de
pressão arterial

malade / sain

doente / saudável

Au secours !
Socorro!

l'alarme
alarme

l'assaut
assalto

l'attaque
ataque

le danger
perigo

la sortie de secours
saída de emergência

Au feu!
Fogo!

l'extincteur
extintor de incêndios

l'accident
acidente

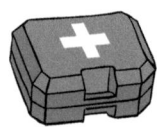

la trousse de premier
secours
maleta de primeiros
socorros

SOS
SOS

la police
polícia

l'Europe

Europa

l'Amérique du Nord

América do Norte

l'Amérique du Sud

América do Sul

l'Afrique

África

l'Asie

Ásia

l'Australie

Austrália

l'Océan atlantique

Atlântico

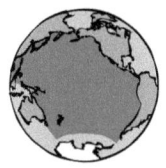

l'Océan pacifique

Pacífico

l'Océan indien

Oceano Índico

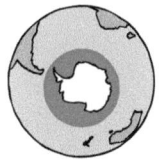

l'Océan antarctique

Oceano Antártico

l'Océan arctique

Oceano Ártico

le Pôle nord

Polo Norte

le Pôle sud

Polo Sul

l'Antarctique

Antártica

la terre

Terra

le pays

terra

la mer

mar

l'île

ilha

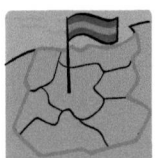

la nation

nação

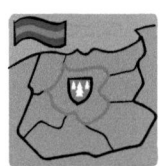

l'état

estado

le cadran

mostrador do relógio

l'aiguille des heures

ponteiro das horas

l'aiguille des minutes

ponteiro dos minutos

l'aiguille des secondes

ponteiro dos segundos

Quelle heure est-il ?

Que horas são?

le jour

dia

le temps

tempo

maintenant

agora

la montre digitale

relógio digital

la minute

minuto

l'heure

hora

la semaine

semana

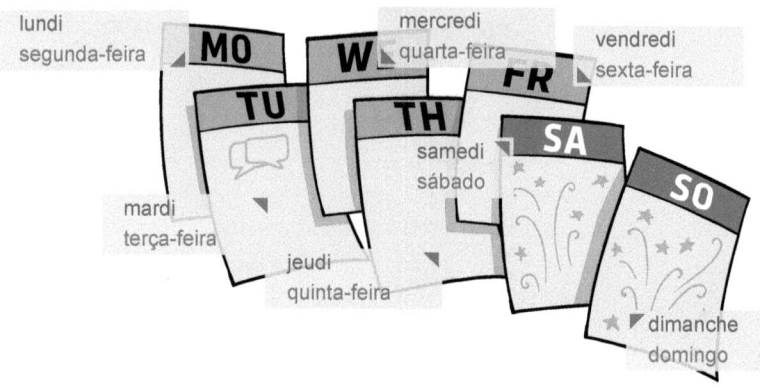

lundi
segunda-feira

mercredi
quarta-feira

vendredi
sexta-feira

mardi
terça-feira

samedi
sábado

jeudi
quinta-feira

dimanche
domingo

hier

ontem

aujourd'hui

hoje

demain

amanhã

le matin

manhã

le midi

meio-dia

le soir

entardecer

les jours ouvrables

dias úteis

le week-end

fim de semana

l'année
ano

la pluie
chuva
l'arc-en-ciel
arco-íris
le vent
vento
la neige
neve
le printemps
primavera
l'été
verão
l'automne
outono
l'hiver
inverno

4.APRIL 11°
5.APRIL 4°
6.APRIL 13°
7.APRIL 8°
8.APRIL 10°

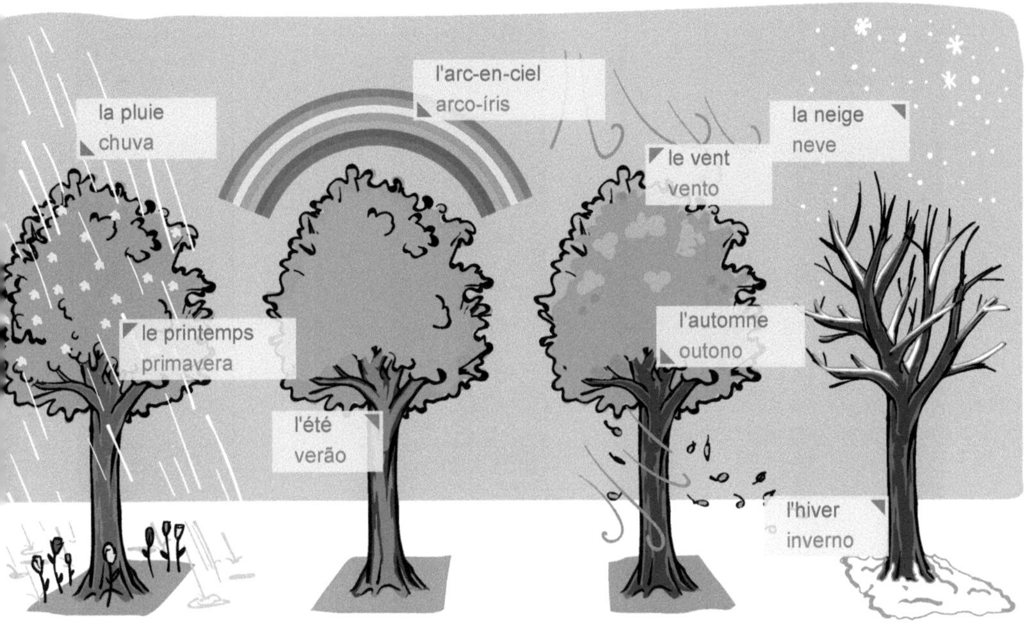

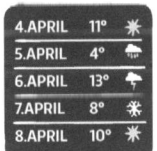

la météo

previsão do tempo

F C
120 40
90 30
60 20
30 10
0 0
-30 -10
-20

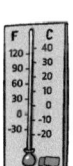

le thermomètre

termômetro

la lumière du soleil

raio de sol

le nuage

nuvem

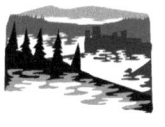

le brouillard

neblina / nevoeiro

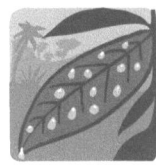

l'humidité

umidade do ar

la foudre

relâmpago

la tonnerre

trovão

la tempête

tempestade

la grêle

granizo

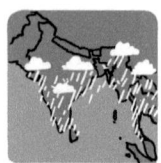

la mousson

monção

l'inondation

inundação

la glace

gelo

janvier

janeiro

février

fevereiro

mars

março

avril

abril

mai

maio

juin

junho

juillet

julho

août

agosto

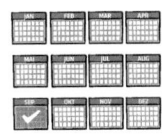

septembre

setembro

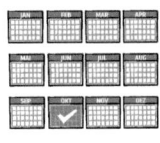

octobre

outubro

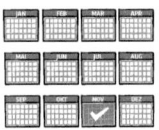

novembre

novembro

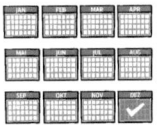

décembre

dezembro

les formes

formas

le cercle

círculo

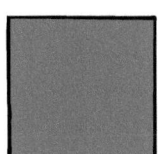

le carré

quadrado

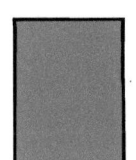

le rectangle

retângulo

le triangle

triângulo

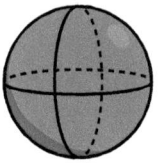

la sphère

esfera

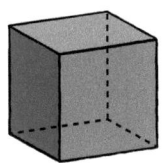

le cube

cubo

blanc

branco

jaune

amarelo

orange

laranja

rose

rosa

rouge

vermelho

violet

lilás

bleu

azul

vert

verde

marron

marrom

gris

cinza

noir

preto

beaucoup / peu

muito / pouco

fâché / calme

furioso / tranquilo

joli / laid

lindo / feio

le début / la fin

começo / fim

grand / petit

grande / pequeno

clair / obscure

claro / escuro

frère / soeur

irmão / irmã

propre / sale

limpo / sujo

complet / incomplet

completo / incompleto

le jour / la nuit

dia / noite

mort / vivant

morto / vivo

large / étroit

largo / estreito

comestible / incomestible

comestível / não comestível

méchant / gentil

mau / gentil

excité / ennuyé

entusiasmado / entediado

gros / mince

gordo / magro

le premier / le dernier

primeiro / último

l'ami / l'ennemi

amigo / inimigo

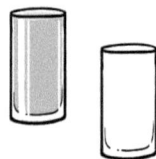

plein / vide

cheio / vazio

dur / souple

duro / macio

lourd / léger

pesado / leve

faim / soif

fome / sede

malade / sain

doente / saudável

illégal / légal

ilegal / legal

intelligent / stupide

inteligente / idiota

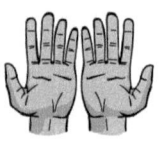

gauche / droite

esquerda / direita

proche / loin

perto / longe

nouveau / usé

novo / usado

rien / quelque chose

nada / alguma coisa

vieux / jeune

velho / jovem

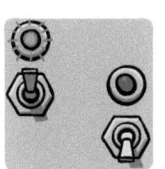

marche / arrêt

ligado / desligado

ouvert / fermé

aberto / fechado

faible / fort

baixo / alto

riche / pauvre

rico / pobre

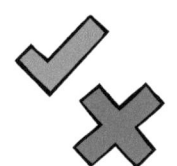

correct / incorrect

certo / errado

rugueux / lisse

áspero / liso

triste / heureux

triste / feliz

court / long

curto / longo

lent / rapide

lento / rápido

mouillé / sec

molhado / seco

chaud / froid

ameno / fresco

la guerre / la paix

guerra / paz

les oppositions - opostos

números

0	**1**	**2**
zéro	un / une	deux
zero	um	dois
3	**4**	**5**
trois	quatre	cinq
três	quatro	cinco
6	**7**	**8**
six	sept	huit
seis	sete	oito
9	**10**	**11**
neuf	dix	onze
nove	dez	onze

12

douze
doze

13

treize
treze

14

quatorze
quatorze

15

quinze
quinze

16

seize
dezesseis

17

dix-sept
dezessete

18

dix-huit
dezoito

19

dix-neuf
dezenove

20

vingt
vinte

100

cent
cem

1.000

mille
mil

1.000.000

le million
milhão

les nombres - números

l'anglais

inglês

l'anglais américain

inglês americano

le chinois mandarin

chinês mandarim

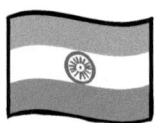

le hindi

hindi

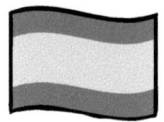

l'espagnol

espanhol

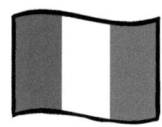

le français

francês

l'arabe

árabe

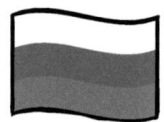

le russe

russo

le portugais

português

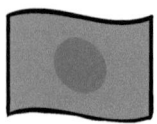

le bengali

bengalês

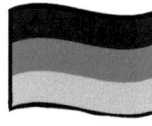

l'allemand

alemão

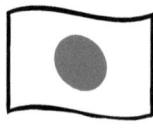

le japonais

japonês

je

eu

tu

você

il / elle / ce, c', cela

ele / ela

nous

nós

vous

vocês

ils / elles

eles / elas

Qui ?

quem?

Quoi ?

O quê?

Comment ?

como?

Où ?

onde?

Quand ?

Quando?

le nom

nome

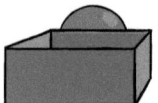

derrière
....
atrás

dans
....
em

devant
....
na frente de

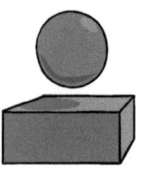

au-dessus
....
sobre

sur
....
em cima

en-dessous
....
debaixo

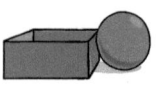

à côté de
....
do lado

entre
....
entre

le lieu
....
lugar